AF548439

ro
ro
ro

ro
ro
ro

Perplex, sich in Gedanken versunken am Hodensack kratzend. Marmorbüste, Archäologisches Museum, Athen.

Perplex, geboren um 450 v. u. Z. in Ephesos, war Philosoph, Arzt und Theaterdichter. Sein Ruf zu Lebzeiten war jedoch in jeder Disziplin miserabel.

Sein Wirken als Arzt reicht bis in unsere Tage hinein. Die meisten Männer halten sich an die Perplex'schen Gesundheitslehren, ohne je von ihm gehört zu haben. So vertrat er die These, Körper und geistige Verfassung des Mannes wüssten aufgrund seiner «Bedürfnisse», was ihm gut tue und was nicht, und signalisierten dies durch den «inneren Schweinehund»:

I Vermeide Bewegung! Jede körperliche Aktivität fördert den Alterungsprozess! Iss viel und fett! In einem üppig gepolsterten Körper wohnt gut geschützt die Gesundheit und kann nicht raus.

II Geringschätze, was du im Leben erreicht hast! Heute siehst du alt aus, das allein zählt! Gelegentliche Vitalitätsschübe sind nur ein schwaches Echo verlorener Jugend, und alles, was noch kommt, sind Verlust, Krankheit und ein schlaff baumelndes Skrotum.

III Lähme deinen Geist! Meide Kunst und Wissenschaft, daraus entstehen belastende Gedanken an nicht zu beantwortende Fragen. Trinke stattdessen unverdünnten Wein! Lalle! Wer lallt, weiß die Weisheit.

IV Die größten Freuden verorten die Götter im Penis. Darum zwinge ihn aufrecht! Knechte den Phallus, reiße dich am Riemen, erteile ihm Ohrfeigen! Schüttle ihn, schreie ihn an, er möge dich nicht verlassen! Jeder mühsam herausgequetschte Tropfen Mannessaft zeugt von überquellender Lebensfreude.

V Stelle dich bei unvorteilhaftem Licht nackt vor den Spiegel und bejammere die Details deines verfallenden Leibes! Sieh die weibischen Brüste, die schlaff auf deinem Bauch liegen! Hebe deine Arschbacken an, betrachte das traurig hängende Skrotum und rupf dir klagend das graue, spärliche Kopfhaar! Ist sowieso alles egal.

In einem für Athletik, Askese und körperliche Ertüchtigung bekannten Griechenland war Perplex als Arzt und Seelsorger seiner Zeit weit voraus! Als Dramatiker blieb sein Erfolg indes bescheiden. Die Dramen gerieten ihm lustig und die Lustspiele tragisch, was das Publikum wiederholt verwirrte.

Bestimmendes Lebensthema des Perplex war auch in der Dichtkunst das Altern des männlichen Leibes. Die Weiberleiber sollten sich mal nicht so anstellen!

Bereits in seinen mittleren Jahren erlitt er eine Sinnkrise und reiste daraufhin nach Ägypten, um sich seiner Vergänglichkeit zu stellen. Fasziniert von den Mumifizierungstechniken in den Totenhäusern Minias vertrat er die (für ägyptische Ohren idiotische) Ansicht, all die kostbaren Salben und Pasten, die der Konservierung Verstorbener für die Reise ins Jenseits dienten, seien auf diesseitiger Männerhaut sinnvoller angewendet. Und er behielt wieder recht: Heute beschmieren sich Männer von Kopf bis Fuß mit feuchtigkeitsspendenden Anti-Falten-Präparaten, geschmeidigmachenden Ölen, gehaltreicher Body Lotion und straffenden Cremes, als seien sie bereits tot.

Bedauerlicherweise sind die wenigen Tragödien nicht nur nicht tragisch, sondern zudem weitgehend verschollen. Lediglich vereinzelte Szenen aus «Die Hörner» und «Die Weicheier» sind erhalten und Gegenstand des vorliegenden Buches. Antikenforscher haben die für unfreiwillig lachhaft befundenen Fragmente neu aus dem Altgriechischen übersetzt. Mittelmäßige Sitcom-Autoren haben das Resultat pointiert, wo möglich in die heutige Zeit übertragen und das Resultat an den als «humorvoll» gekennzeichneten Stellen mit Tonbandlachern versehen.

Herausgekommen ist ein vom jahrtausendealten Staub der Antike befreiter Perplex, dessen wacher Geist und erbarmungsloser Einblick in Körper und Psyche alternder Männer bis in unsere Tage herüberblitzt:

Es hilft kein Ratschlag, keine müde
Weisheit oder Plattitüde.
Sieh dich an: **Ab ist der Lack**.
Plötzlich bist du ein alter Sack
unter andren alten Säcken,
und jeden Trost kannst du dir stecken!

(Tonbandlacher)

Ja, so 'n harten Pinkelstrahl,
den hattest du wohl auch einmal!

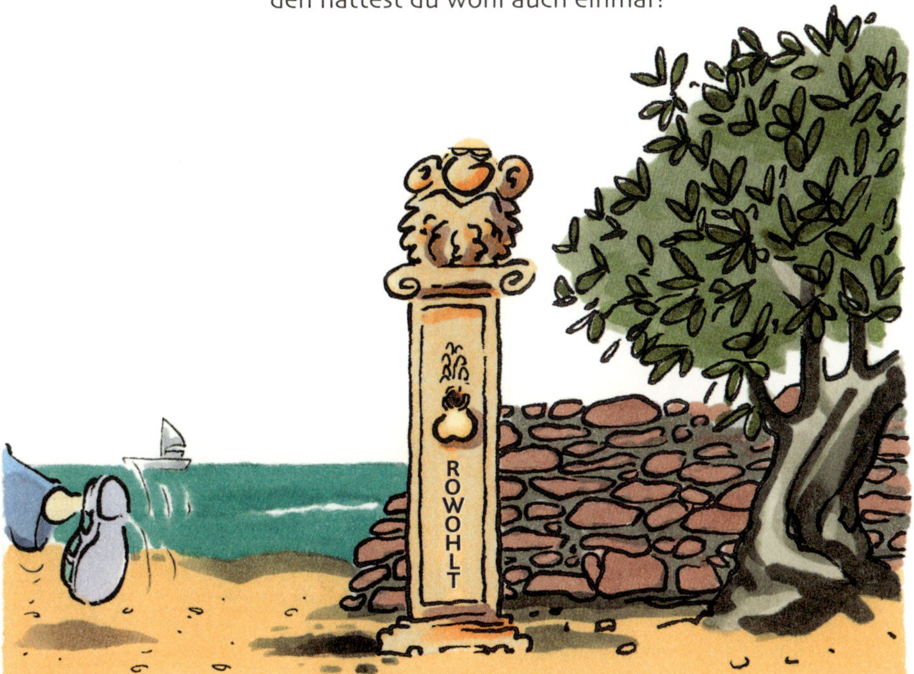

ROWOHLT

Da warst du jung. Nun sieh dich an!
Vom Knaben, Jüngling, jungen Mann
zum reifen Herrn bis hin zum Greise,
zwar impotent, doch dafür weise,
treibt uns die Zeit mit schnellem Schritt –
nur das Gehirn, das kommt nicht mit!

Was bin ich? Fünfzig? Sechzig?! Siebzig??!
Unmöglich! Ausgeschlossen!! Gibt's nich!!!

Doch! Gibt's!

Dein Haar, einst voll und dicht,
verflüchtigt sich, wird grau und licht.

Gilt Joggen als beliebter Sport,
sitzt du nur noch am selben Ort,
denn schnell hast du es irgendwie
nach ein paar Metern schon am Knie.

Den Torso, einstmals Marmorbüste,

zieren schlappe Hängebrüste,

wo einst dein fester Arsch mal war,

vergrößert sich die Prostata
hinter erschlafften Hinterbacken,
die konsequent nach unten sacken

Und ach, der Penis! Früher hatte
man stets 'ne stolze Morgenlatte,
da fing der Tag erquicklich an!

Nun kann die Schwellung dann und wann
so grad als unentschlossen gelten,
und selbst das passiert nur selten.

Bei solcherart Versteifproblemen
kannst du Aufputschmittel nehmen,
doch der Haken bei der Liebe
und erst recht beim Lustgetriebe:

Auch deine Sexpartner sind nackig
nicht mehr so wohlgeformt und knackig!

Dies ist ernüchternd, und darum
hilft kein Aphrodisiakum.
Nur das bewährte Nashornpulver
hilft dem Penis in die Vulva!

Die Hörner

In seiner nur fragmentarisch erhaltenen Tragödie «Die Hörner» beschreibt Perplex die Wirkung des bekannten Potenzmittels, das sich bereits im alten Persien einiger Beliebtheit erfreute. Schon Ktesias von Knidos beschrieb am Hofe Artaxerxes' des Zweiten indische Nashörner und deren phallisch wirkende Nasen.

Die vorliegende Neuübertragung aktualisiert den Dialog zweier Männer, der nun statt in einer Athener Taverne in einer Gastwirtschaft in Lüdinghausen spielt, und verweist mit vereinzelten Allegorien auf heutige Mythen.

Berthold und seine Frau Heidrun in ihrer Küche

Heidrun: Da war heute eine Benachrichtigung im Briefkasten, da ist ein Päckchen für dich.
Berthold: Ach ja? Gut. Ich hol's ab.
Hab ich schon.
Ach so?
Ja.
Und?
Es kommt aus Hongkong!
Aha.
Ja.
Wo ist es denn?
Auf deinem Schreibtisch.
Gut. Danke.

(Pause)

Was bestellst du denn in Hongkong?
Das würde ich gern für mich behalten.
Aha. Na dann …
Ja. Du bestellst bei Amazon auch dauernd irgendwas, und mich interessiert's nicht.
Na ja, bei Amazon, aber doch nicht in Hongkong!
Ist doch egal, wo!

Was gibt es denn in Hongkong?
Ist gut jetzt, Ende der Anhörung!

Hm. Na, das muss ja was sein …
Ja!** (zu sich) **Ich hoffe doch.

Berthold und Kurt im gutbürgerlichen Restaurant

Kurt: Du hast was gekauft?
Berthold: Rhinozeros. Von einem Händler in China. Schweineteuer, kann ich dir sagen!
(ungläubig) Rhinozeros.
Nashornpulver! Schmeckt nach nichts, sieht aus wie Mehl. Hab's mir ins Müsli gestreut vor einer Woche!
Warum … nimmt man Nashornpul…
Na, warum nimmt ein Mann Nashornpulver? Ich bin fast sechzig, genau wie du!
Na ja, ich werd erst mal 57! Nächsten Monat.
(ironisch) ***Na toll! Wie gut du dich gehalten hast! Ich werde in zehn Monaten 59, und ich kann dir mit meinem jahrelangen Vorsprung versichern, es wird nicht besser!***

Was wird nicht besser?
Stellst du dich absichtlich ahnungslos?
(sieht sich um, ob jemand zuhört, dann, mit leiser Verzweiflung) Ich rede von der tagtäglichen Demütigung! Machen wir uns nichts vor, die Libido kackt ab! Der Sex wird nicht besser, Herrgott noch mal!
Äh … Moment. Du hast dir aus China Nashornpulver schicken lassen, weil …

Die Verzweiflung war groß! *(Pause)* ***Betonung auf war!***
Aber … Cialis gibt's jetzt von Ratiopharm, vier in der Hälfte teilbare Pillen für 19 Euro soundso!
Von Cialis krieg ich geschwollene Ohren, und mit Viagra seh ich alles schwarzweiß!
Ach so. Aber … na ja, die Nashörner sterben aus!
(lehnt sich zurück) ***Klar. Klar! Das musste jetzt mal gesagt werden!*** *(in den Raum zu den anderen Tischen)* ***Habt ihr's alle gehört?! Die Nashörner sterben aus!!!***
Doch, doch, fünf Nashornarten gelten als akut vom Aussterben bedroht, eben weil die Chinesen …
(beugt sich wieder vor, vertraulich) ***Dann sollen sie das Viehzeug hier in Europa züchten! Kann doch nicht so schwer sein! Schweine und Hühner sterben auch nicht aus!***

Was redest du da?
Kurt, sieh mich an! Das ist wichtig jetzt!
Was?
Sieh mich mal an! Komm, komm, sieh mir in die Augen!
(blickt sein Gegenüber bedeutungsvoll an)
Es wirkt!
Wie meinst du das?
Während ich hier mit dir rede, habe ich einen hart! So hart war der nicht mehr, seit ich damals mit Petra Mazarek im Studentenwohnheim geknutscht hab! Und nicht mal damals war er so hart!

(bedeutungsschwere Pause)

Ich … weiß grad nicht, was ich sagen soll.
Ja, lass dir Zeit.
Ich bestell noch 'n Bier.
Ja.
Du auch?
Alkohol verträgt sich nicht mit Rhinozeros.
Ach so. Was anderes?
Weiß nicht, irgendwas … Fanta!

(zum Kellner) Hallo, noch ein Bier und 'ne Fanta, bitte!

(kurzes, ratloses Schweigen)

Also, ich versteh das jetzt richtig? Du hast eine Erektion? Jetzt, unterm Tisch?

Ein Horn! Wenn ich aufstehe, heb ich die Tischplatte an!

Wow. Okay, das ist ...

Willst du mal anfassen?

Was? Nein!

Nur, falls du mir nicht glaubst!

Schon gut, ich glaub dir lieber!

(beugt sich wieder vor) ***Kurt, wir in Europa haben nicht die geringste Ahnung von Fernost! Die Gutmenschen im Chor, ich hör sie schon, all die Öko-Hippies, «Die Nashörner sterben aus, ganz schlimm!» Aber Milliarden Chinesenmänner haben jeden Tag einen hart, auch die steinalten, seit Jahrtausenden! Was meinst du, warum die sich vermehren und die Ein-Kind-Politik und so? Bevölkerungsexplosion seit Generationen, die übernehmen grad die Weltwirtschaft! Und wir so: «Höhöö ... Nashornpulver, sind die blöd!» Hallo?!! Das Zeug hat keinerlei Nebenwirkungen, ich hab weder Kopfschmerzen noch Herzrasen noch gar nichts! Ich hab nur 'ne steinharte Erektion!***

Seit einer Woche?

Seit einer Woche!

Aber ist das jetzt ... *(stöhnt, reibt sich die Augen)* Ich glaub nicht, was wir hier ... Ist das jetzt so 'ne schmerzhafte Dauererektion, von der man manchmal hört, wenn ...

Dauer ja, schmerzhaft nein.

Ah. Gut.

Gut ist gar kein Ausdruck! Ich bin grad sehr zufrieden mit mir! Mit'm Harten durchs Leben gehen, das macht was mit dem Selbstwertgefühl, das kann ich dir sagen!

Aber ... sieht man das nicht, kannst du dich frei bewegen, gucken die Leute nicht?

Mir scheißegal! Scheißegal! Sollen sie alle gucken, es gibt Unerfreulicheres im Leben als 'ne ordentliche Beule in der Hose!

Sicher. Aber ... wie lange wirkt das denn noch?

Mal sehen. Wenn's aufhört, okay, ich hab noch die ganze Packung voll Pulver, das reicht erst mal.

Und was machst du nun damit, also mit dem ... Horn?

Tja ... Das ist die Herausforderung.

Was sagt denn Heidrun dazu?

Was? Ich hab ihr das noch gar nicht ... Ich meine ... ich weiß nicht, womöglich. Demnächst!

Sie hat es noch nicht bemerkt?

Das Letzte, wohin meine Frau guckt, ist mir in den Schritt! Aber dann würde sie Fragen stellen! Und sie ist im WWF, diesem Tierschutzclub, du weißt schon, rettet die Leopardenbabys und so! Da kann ich nicht viel Verständnis erwarten! Nein, ich nehme an, ich fahr morgen mal nach Seppenrade, in den Nachtclub da.

«Bei Renate»?!

Was soll ich denn machen, in die Mensa, 'ne kleine Studentin klarmachen? Ich bin 58!

Na ja, eben ...

Was, eben? Ich bin 58 und kann alles ficken! Ich kann jetzt diesen verdammten Brotkorb ficken! Ich kann theoretisch raus auf die Straße und alles bespringen, was nicht schnell genug auf den Bäumen ist! Grunz! Und danach steige ich hoch und bespring auch noch die auf den Bäumen! Verstehst du, was ich sage?! Grunz!

Was?

Was, was?

Du hast gegrunzt.

Fass mal an!

Nein, ich glaub dir ja!

Tu's! Nur ganz kurz, unter der Tischdecke! Und dann sag mir, dass ich nicht der Härteste bin!

Du bist ganz bestimmt der Härteste, aber ich kann nicht ... Bert, wir sind seit über zwanzig Jahren ... ich bin verheiratet und hab erwachsene Kinder, ich fasse meinem besten Freund nicht an die Hörner!

Ich bin dein bester Freund?

Na, sind doch sonst nur noch Arbeitskollegen ...

Gut zu wissen! Pass auf, ich spendier dir 'ne Portion aus dem Hongkong-Päckchen. Grunz! Nächsten Monat, zum Geburtstag!

Was? Nein, komm, lass gut sein!

Doch, doch! Auf alte Zeiten!! Und dann machen wir einen Ausflug nach ... keine Ahnung! Mallorca! Thailand! Grunz!

Wieso grunzt du immer, was ...

Wir zwei können jede da draußen ficken! Grunz! Theoretisch.
Ja, gut ... theoretisch.
Allzeit bereit! Kraftvoll, ausdauernd, langanhaltend! Wir zwei, Kurt ... wir zwei!
(fuchtelt mit dem Zeigefinger) ***Merk dir meine Worte! Grunz!***
Bert, das ... muss ich mir noch mal überlegen.

Kellner: Zweimal Kohlrouladen mit Kartoffeln und Salat. Getränke kommen sofort!
Danke.

(Kellner ab)

Alles, was nicht bei drei auf den Bäumen ist! Alles kann ich bespringen!

Alles und jede!
Das ... muss sich großartig anfühlen.

(Berthold grunzt zustimmend, greift sich wie selbstverständlich mit der bloßen Hand eine der triefenden Kohlrouladen und stopft sie sich komplett in den Mund. Er schmatzt und frisst laut und ungehemmt. Kurt starrt ihn wortlos an)

Vorhang fällt

Geht's über den Zenit im Leben
kann's keinen weisen Ratschlag geben,
kein «Nimm es einfach hin, wie's kommt!».
Geboren werden wir, und prompt
rast die Zeit und lässt uns reifen,
lässt uns lieben und versteifen,
doch kaum, dass wir dies recht genossen,
blicken wir auch schon verdrossen
und mit ängstlichem Erstaunen
auf des Leibes späte Launen.

Am Morgen steigst du von der Matte,
die auch mal bess're Zeiten hatte,
wilde, heiße Liebesnächte,
die sie gern wiederholen möchte!

Doch du sitzt da, vom Schlaf gerädert,
die Haut ist schlaff und angeledert,
kratzt erst am Kopf dich, dann am Sacke,
erhebst die müde Hinterbacke,
zunächst die linke, dann die rechte,
die lieber sitzen bleiben möchte.

Und aus der strammen Morgenlatte,
die einst der junge Mann mal hatte,
aus diesem aufrechten Gestänge
wurde ein lebloses Gehänge!

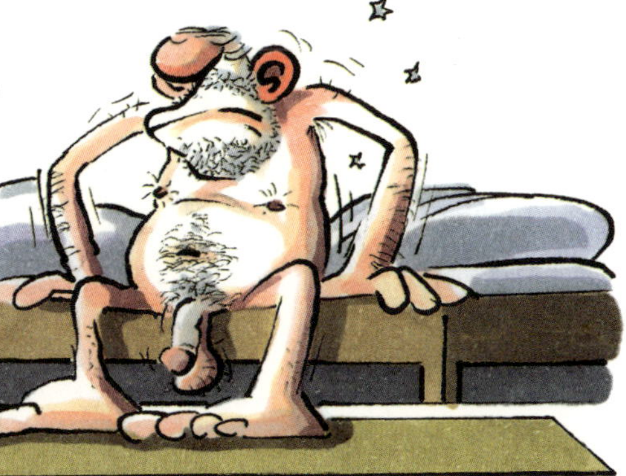

Mann, du hast ein **Recht**, zu jammern,
dich an die Libido zu klammern!
Du hast, verflucht, 'nen **Grund**, zu greinen,
um die Vergangenheit zu weinen!

Denn wer im Alter nichts vermisst,
weil ihm Verlust kein Drama ist,
weil er sich denkt: So ist das Leben,
es kann nur einen Sommer geben!,
und ganz entspannt gen Winter blickt,
der ist bestimmt nur schlicht gestrickt.

An Stoiker von dieser Sorte
verliere ich hier keine Worte!

Drum ist, wer allzu – ?!

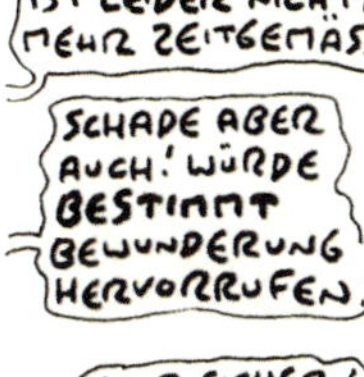

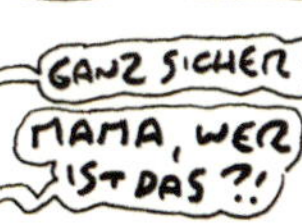

SIEHST DU, DER WAR MAL GANZ WICHTIG UND NUN IST ER TOT.
WEISS KEINER MEHR, WER DAS WAR!
GANZ SCHLECHT FÜRS MÄNNLICHE EGO!

ICH FINDE SOLCHE PORTRAITS IMMER FASZINIEREND.

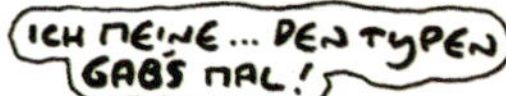
ICH MEINE ... DEN TYPEN GAB'S MAL!

DER LIEF MAL HIER RUM!

UND JETZT GUCK ICH DIR IN DIE AUGEN! NACH ZWEITAUSEND JAHREN ...

ER WOLLTE WOHL LIEBER, DASS DU SEINEN KULTURBEUTEL BESTAUNST!

DU SIEHST EBEN ALLES DURCH DIE KATHOLISCHE BRILLE!
WAS ?! ICH BIN AUSGETRETEN!

KÖRPERFEINDLICHE KULTURELLE PRÄGUNG! JA, ER HAT HODEN!
UND?!
DA WAR SOGAR MAL EIN PHALLUS!
IN DER ANTIKE WURDE DER PHALLUS NOCH GEWÜRDIGT! HEUTE FÜHLT MAN SICH SCHON SCHULDIG, WENN MAN MAL EINEN HAT!
NA, SO HÄUFIG, WIE DAS BEI DIR VORKOMMT, HALTEN SICH DIE SCHULDGEFÜHLE BESTIMMT IN GRENZEN!
WAS WEISST DU SCHON, WIE HÄUFIG WAS BEI MIR VORKOMMT!
MAMA, WAS IST FALLUS?
DA GEHTS SCHON LOS.
FALLOBST, SCHÄTZCHEN. PAPA REDET VON FALLOBST!
UND WAS GIBT'S DA ZU WÜRDIGEN?!
HEDA!! IHR IN ZWEITAUSEND JAHREN!!!
SEHT MEIN STOLZES GEMÄCHT!!!
MÄNNER SIND NÄMLICH IDIOTEN.
DAMALS HATTEN DIE POLITIKER WENIGSTENS NOCH EIER!

ES HÖREN KINDER ZU.

STELL DIR VOR, MARKUS SÖDER WÜRDE EINE BÜSTE VON SICH MACHEN LASSEN, MIT EREKTION!

AACH, DU NIMMST ES WIEDER BIER-ERNST!

JETZT RUDER NICHT ZURÜCK! DU FINDEST POLITIKER MIT HODEN GUT! HAST DU GERADE NOCH GESAGT!
HAALLO! IRONIEKNOPF AHAAN!

DU HAST DOCH KEINE AHNUNG VON IRONIE! DU HATTEST NIE HUMOR, DAS IST ÜBERHAUPT DAS SCHLIMMSTE!
ABER DU BIST DIE WITZBOMBE!

DASS DU NEUERDINGS DARAUF BESTEHST, IM STEHEN ZU PINKELN, IST DAS AUCH IRONIE?! DANN PUTZ MAL ÖFTER IRONISCH DAS WC!

STÖHN…

ICH HAB'S EUCH ERKLÄRT! AM KÜCHENTISCH! MÜSSEN WIR DAS JETZT WIRKLICH WIEDER-

WAS IST SO MÄNN-LICH DARAN, IM STEHEN ZU PINKELN?!

ALLES IST MÄNN-LICH DARAN, IM STEHEN ZU PIN-KELN.

ICH KAPIER'S NICHT.
LIEGT IN DER NATUR DER SACHE.
UND DU MEINST, DU BIST EIN VORBILD FÜR DEINEN SOHN?
ES STEHT IHM FREI.
ICH KACK SOGAR IM STEHEN!

KOMM, WIR GEHEN ZUR RUTSCHBAHN! PAPA HAT GRAD MIT SICH ZU KÄMPFEN!
WARUM HAT DER MANN KEINEN PULLER?

IST IHM ABGEFALLEN. DER MANN WAR ALT!
ALTEN MÄNNERN FÄLLT DER PULLER AB.
FALLOBST!

DU BIST PEINLICH, PAPA!

KOMM DU MAL ERST IN MEIN ALTER, DANN SIEHST DU KLARER!

Hier würd ein Blick auf Gen'rationen
und auf Vergänglichkeit sich lohnen!

Auf den Vater folgt der Sohn!
Und so 'n Sohn, man ahnt es schon,
reiht sich in den Stammbaum ein
und wird selbst bald Vater sein.

Und er merkt beim Sohnerziehen
kaum, wie seine Jahre fliehen!
Erst wenn der Spross zum Mann gereift,
hält er inne und begreift:
Gealtert ist er und ergraut!

Wenn er in den Spiegel schaut,
bleiben nicht mehr viele Jahre
bis hin zum Greis und dann zur Bahre!

In Lebensabschnitten wie diesen
geraten Väter oft in Krisen ...

... wohingegen dumme Knaben
davon noch keine Ahnung haben!

Die Weicheier

Auch zu Perplexens Zeiten gab es zwischen Athenern und Spartanern die eine oder andere Rauferei. Dies hinderte die Athener allerdings nicht daran, die spartanische Lebensphilosophie insgeheim zu bewundern. Männliche Stärke, harter Drill, bedingungslose Disziplin sowie Abhärtung von Körper und Geist galten als Tugenden, die den immerzu oberschlau philosophierenden Athenern abhandengekommen waren. Infolgedessen gab es Volkshochschulkurse und Seminare für spartanische Sitten und Gebräuche, die sich bei athenischen Männern in der Midlifecrisis großer Beliebtheit erfreuten.

Die Sehnsucht nach ritualisierter Männlichkeit setzt sich bis in die heutige Zeit fort. Bei der behutsamen Neuinterpretation des Vater-Sohn-Dialogs in Perplex' Komödie «Die Weicheier» wurden denn auch zeitgenössische Seminarangebote berücksichtigt.

Ein Jugendzimmer. Florian, 13, liegt gelangweilt auf dem Bett und konsumiert mit weißen Stöpseln im Ohr irgendwas im iPhone.
Vater Jens-Ulrich, 47, klopft an die Tür. Keine Reaktion. Jens-Ulrich öffnet vorsichtig und tritt ein.

Jens: Hi.
Florian: Hi.
Können wir was besprechen, oder passt's grad nicht?

(misstrauisch) ***Was gibt's?***
Nimmst du die Dinger aus den Ohren?
Ton ist aus.
Ich spreche aber lieber mit jemandem, dem nichts in den Ohren steckt!

(Florian zieht genervt die Ohrhörer ab)

Okay, gut, danke. Darf ich mich setzen?
Dauert das länger?
Womöglich. Weiß nicht. *(setzt sich aufs Ikea-Jugendsofa)*
Weil, ich will gleich zu Mick!

(Jens sucht den Gesprächsanfang, Florian wartet stumm ab)

Gut, okay ... Ich mach's kurz. Hättest du Lust, demnächst so 'n Wochenende mit mir zu verbringen, vielleicht im August? Nur wir zwei?
So 'n Wochenende?
Nur wir beide, wir zwei Männer. Mama ist mal nicht dabei. Einfach, um ... *(zögert)*
Na was, Papa, sag schon ...
Ich dachte, vielleicht können wir uns ... etwas näherkommen!
Näherkommen?
Na ja, etwas miteinander teilen! Unsere Beziehung zueinander vertiefen, eine gemeinsame Erfahrung machen! Einfach mal ... Zeit miteinander verbringen, verstehst du? *(seufzt)* Hier, sieh dir das mal an! *(gibt ihm einen Prospekt)* Das sind so Seminare, im Sauerland, irgendwo draußen, mitten im Wald! Da sind nur Männer, beziehungsweise das ... Wochenende im August ist speziell für Väter und ... Söhne!

(Florian nimmt sehr skeptisch das Blatt)
Und was passiert da?
Na ja, lies mal!
(Florian liest) ***Schwitzhütte?***
Ja, sie ... bauen ein Zelt, wie so ’n ... Tipi, und dann innen mit heißen Steinen. Es sind nur Männer, verstehst du, eine Art spirituelle Sauna. Aber es gibt abends auch Feuer, große Feuer, sie tanzen um ... lies mal! Männer tanzen nackt ums Feuer!
Männer tanzen nackt ums Feuer?
Ich weiß, klingt erst mal komisch, aber ... es geht um Rituale! Das ist uns verlorengegangen mit den Ritualen! Wir haben den Bezug verloren zu unseren Wurzeln! Wir googeln und Facebook und all das, aber ich denke, es gibt noch so was wie ... Magie, verstehst du? Gerade für Männer! Der Seminarleiter ist Schamane! Er heißt Günter.
(Florian schaut ungläubig auf den Prospekt) ***Der Schamane heißt Günter?***
Sie ehren zum Beispiel die Ahnen! Also mal nur die männlichen in diesem Fall! Is ’n guter Gedanke, die Ahnen ehren! Das muss man sich klarmachen, du und ich, wir ... kommen ja alle irgendwoher, hast du dir das mal überlegt? Dein Großvater, also mein Vater jetzt, den hast du nicht mehr gekannt, aber der Mann hatte dich als Baby noch aufm Arm! Weiß ich noch genau, er war so stolz, er hat dich angelacht, und du hast zurückgelacht!
Ah ...
Mein Vater ist dein Ahne, dein direkter Ahne, aber ... was weißt du über ihn? Nichts! Und über meinen Opa und dessen Vater und dessen Opa, da wissen wir gar nichts mehr! Die Toten sind vergessen, alle! Da wird einem schwindelig, was? Aber es sind unsere Ahnen! Bestimmt waren sie uns sogar in vielem ähnlich, die Gene und so! Wir wären jedenfalls nicht hier ohne sie, und schon bald sind wir auch weg und vergessen! Dann sind wir die Ahnen von denen, die irgendwann keine Ahnung haben! Da denkt man ja nicht gern dran! Das ist das Ding mit der Zeit, die Zeit löscht alles aus und ... weißt du, und darum ... gibt’s womöglich Grund, unsere Ahnen zu ehren.
(Florian guckt skeptisch) ***Im Sauerland.***
Ist doch egal, wo! Ist ’ne schöne Gegend da! Tante Iris hat da mal gewohnt, in Pungelscheid!
Aber selbst die ist da weg.
Na ja, was heißt weg, sie ist tot!

Echt? Oh.
Das weißt du nicht? Wir haben dir doch gesagt, dass sie ...
Ja, doch, ich weiß.
Gut. Aber das ist ja nicht alles, es geht vor allem um ... na ja, Väter und Söhne eben! Weiß nicht, wie ich's erklären soll. Du bist mein Sohn, und ich sehe doch, bald bist du selbst ein Mann! Und ich würde dir gern, ich würde dich gern ein Stück weit begleiten, bei diesem ... Mannwerden, verstehst du? Dir was mitgeben auf den Weg! In einer Gruppe, mit anderen Söhnen und Vätern, das stelle ich mir spannend vor und intensiv, sehr intensiv! Und

nachts der Mond, stell dir das vor! Wann hat man den schon mal, den Mond? Also jetzt wirklich Mond und Sternenhimmel, nicht so 'n versmogter Stadthimmel! Nachts in der stillen Natur, und nur Männer, alles nur Männer! Sie schmieren sich gegenseitig ein, mit warmem Schlamm! Weil, die Sonne ist die Mutter, die Erde die Tochter und ... das Feuer der Großvater. Oder so. Irgendwas war da auch mit Odin.
Sie schmieren sich ein?
Ich meld uns an, okay? Keine Angst, da sind noch mehr Söhne in deinem Alter! Die letzten drei Tage wird nicht mal mehr geredet, Sprechen ist verboten! Man darf zur Kommunikation nur Laute abgeben, also grunzen und ... schreien und ureigene Gesänge ... Das wollte ich schon immer mal, nur grunzen! Männer verstehen sich auch ohne Worte! Wir sind doch alle gleich! Da sind keine Frauen, die sich lustig machen oder uns unter die Dusche stellen! Mit Schlamm beschmiert nackt ums Feuer tanzen, na, was sagst du?

Warum musst du das gerade mit mir machen?
Na ja ... einen anderen Sohn hab ich nicht! Oder?
Ich glaub, ich möcht lieber nicht ...
Ah. Okay. *(enttäuscht)* Schade.
Ja.
(steht auf, geht langsam zur Tür) Na, vielleicht mach ich's allein. Dann eben ein anderes Seminar ... Das mit dem Kraftstab klingt auch nicht schlecht! Da erzählen Männer sich nachts in der Schwitzhütte ihre Geschichten, Dramen und Heldentaten! Man darf auch Schwäche zeigen. Dafür wird man sogar gelobt!
Ja, mach das ...
Ja, mach ich auch. Okay, dann ... bis später.
Papa?
Hm?
Geht's dir gut?

(bleibt an der Tür stehen, zögert. Geht dann zurück, setzt sich müde auf die Bettkante, vergräbt sein Gesicht in den Händen und stöhnt)

Vorhang fällt

Gemütszustände, so wie diese,
nennt man gemeinhin Midlifekrise
und waren auch schon wohlbekannt
im antiken Griechenland!

Man weiß zudem, dass manche Mythen
Weisheiten fürs Leben bieten!

Götter, Helden, Ungeheuer,
Mischwesen und Wiederkäuer ...

... Zyklopen, die auf Inseln warten,
um Reisende am Grill zu braten ...

... Medusa mit dem Schlangenhaupt,
die sich unfrisierbar glaubt ...

... Pegasus, das Flügelpferd ...

... Odysseus, der sich schwer verfährt
und über Weltenmeere irrt ...

... auch Ödipus,
der leicht verwirrt
die eigene Mama
bespringt ...

... was ihm reichlich
Kummer bringt!

Davon, dass man nied're Lüste
im weiten Bogen meiden müsste,
erzählt die Sage der Sirenen –
doch muss ich noch zuvor erwähnen:
Ab hier ist's nicht mehr jugendfrei!

Andererseits, auch einerlei ...

... denn ich glaub, dass heut die Knaben
weit Härteres im Fokus haben!

Das Lied von Neugier und Sehnsucht

In dieser einzigen komplett erhaltenen Komödie des Perplex dient der mythische Sirenengesang als Metapher für überquellende Freuden und Gefahren hemmungsloser Lust. Sie hat die Zeit am vollständigsten überdauert, was erlaubt, den Dialog reich zu bebildern und in der antiken Kulisse zu belassen. Ungeachtet unserer heutigen Sittenvorstellungen müssen wir dabei nackte und sogar notgeile Knaben aushalten. Die alten Griechen, Sie wissen schon ...

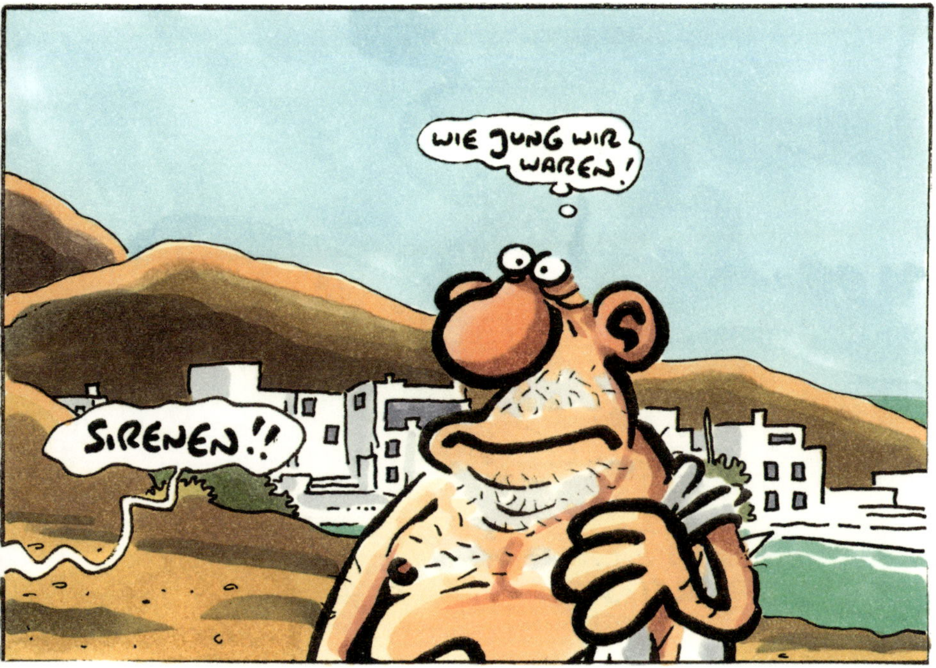

WIE JUNG WIR WAREN!

SIRENEN!!

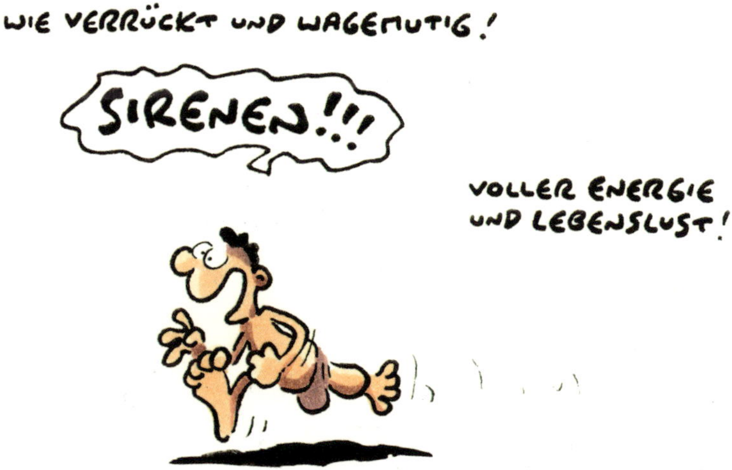

WIE VERRÜCKT UND WAGEMUTIG!

VOLLER ENERGIE UND LEBENSLUST!

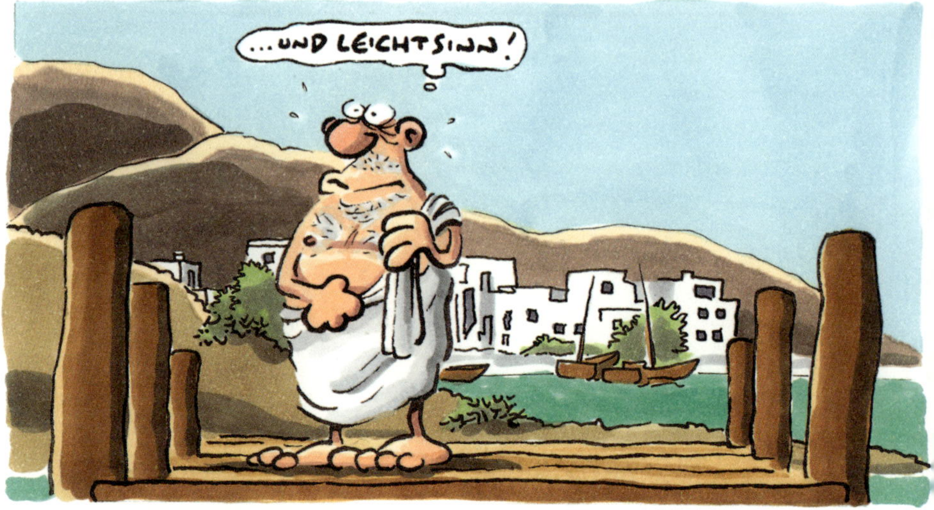

...UND LEICHTSINN!

BOAH, PAPADOKOULOS!! BRÜLL NOCH LAUTER, DAMIT ALLE ERWACHSENEN ES HÖREN!!
ABER SIE SIND DA!! ICH HAB SIE ZUERST GESEHEN!
UND ICH KOMME MIT!!
NEE, DU BIST NOCH ZU KLEIN!
ICH BIN FAST ZWÖLF!
KLAR KOMMT ER MIT!

BESORGT EUCH WACHS BIS MORGEN FRÜH ...
UND DEN ODYSSEUS MACH ICH!

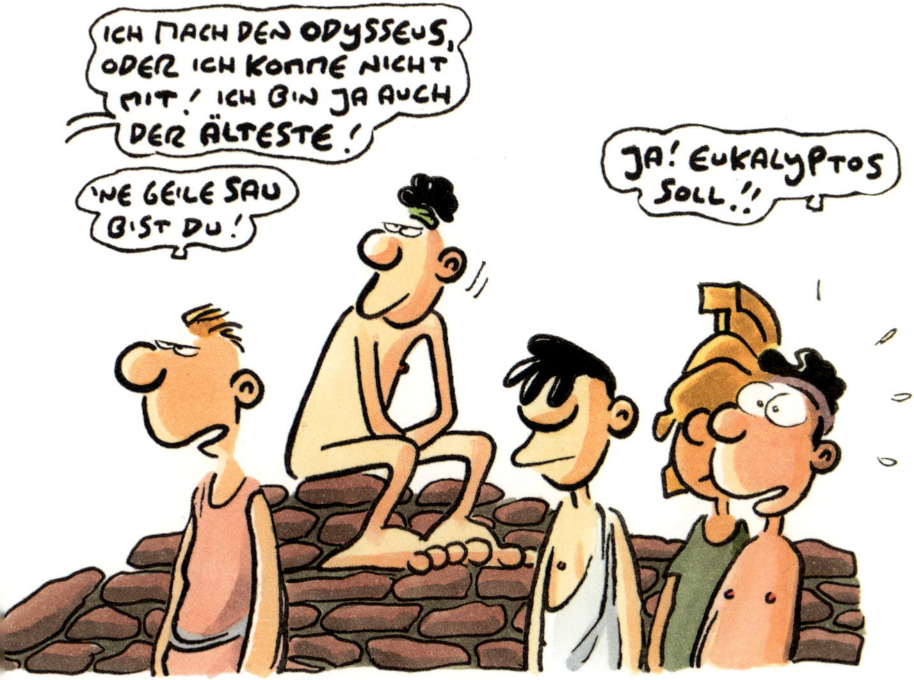

ICH MACH DEN ODYSSEUS, ODER ICH KOMME NICHT MIT! ICH BIN JA AUCH DER ÄLTESTE!

'NE GEILE SAU BIST DU!

JA! EUKALYPTOS SOLL!!

WILLST MAL SEINEN MAST SEHEN ?!

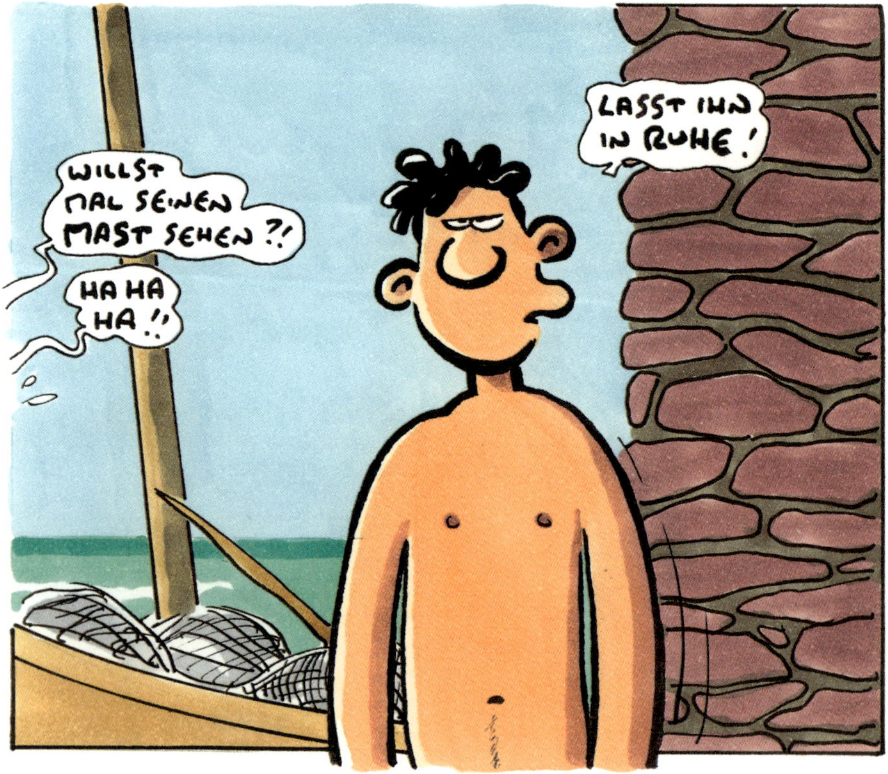

HA HA HA !!

LASST IHN IN RUHE !

SEUFZ...

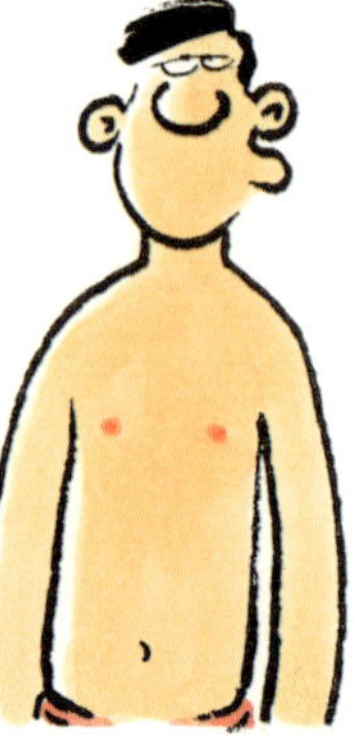

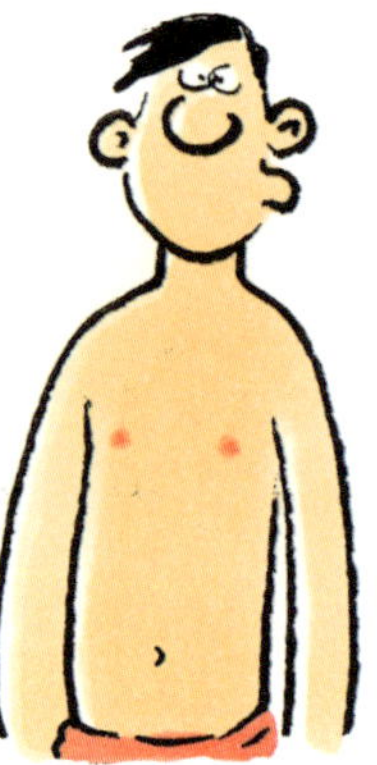

ES SIND DREI, ODER ?

HM? WAS ?
ICH FRAGTE, OB ES DREI SIND! MEINE AUGEN SIND NICHT MEHR GUT!

JA, DREI.

IN MEINER JUGEND SASSEN SIE SCHON EIN-MAL DA!
SIE BLIEBEN DREI, VIER TAGE UND FLOGEN DANN WEITER!

GUT, DASS DER WIND IHR LIED ZUM MEER HINAUSTREIBT!

ICH HOFFE, DU HAST DEIN WACHS BEREIT, FALLS SICH DAS ÄNDERT!
WACHS?
ICH HOFFE, DIE GANZE MÄNNLICHE DORFBEVÖLKERUNG HAT DAS WACHS BEREIT! UNTERSCHÄTZT NIE DEN GESANG DER SIRENEN!!!
ALTER, ES SIND PELIKANE

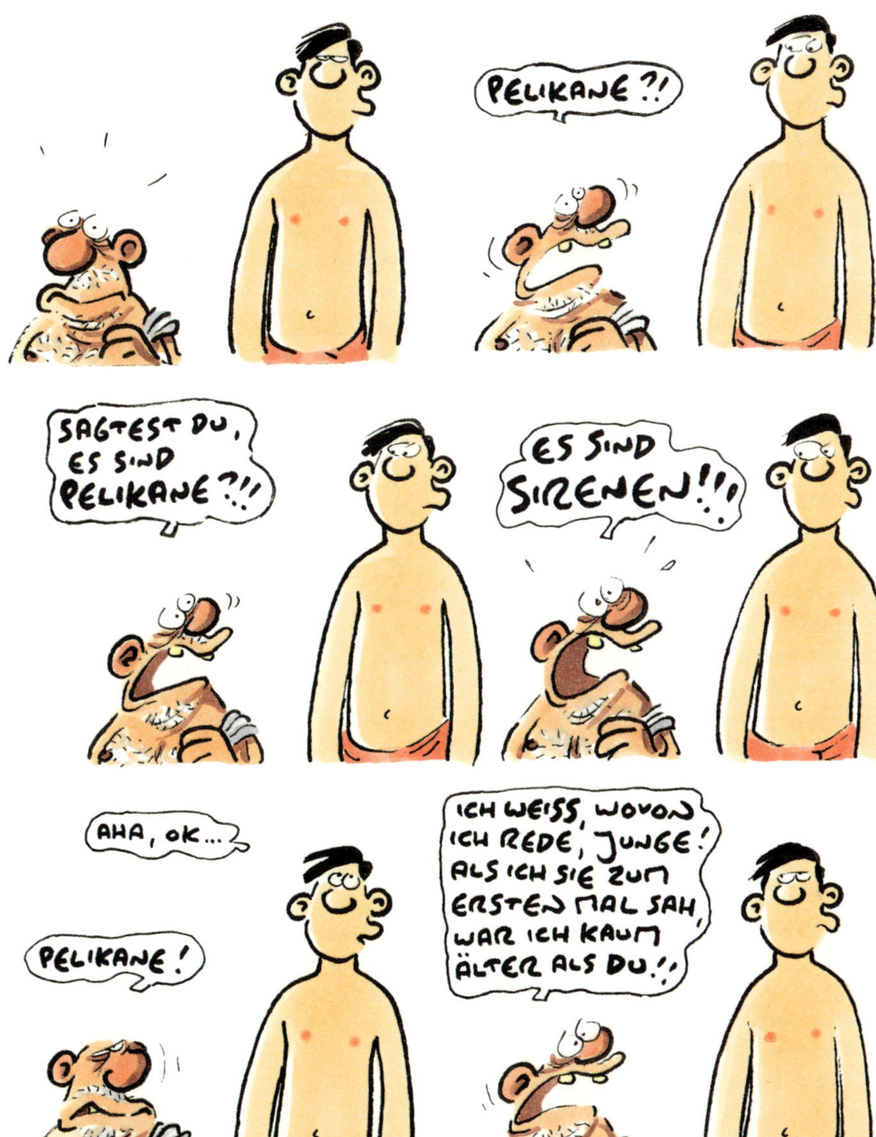
PELIKANE ?!
SAGTEST DU, ES SIND PELIKANE ?!!
ES SIND SIRENEN!!!
AHA, OK...
PELIKANE!
ICH WEISS, WOVON ICH REDE, JUNGE! ALS ICH SIE ZUM ERSTEN MAL SAH, WAR ICH KAUM ÄLTER ALS DU.!!

DAS KANNST DU DIR KAUM VORSTELLEN, ABER AUCH ICH MORSCHE GURKENKISTE WAR MAL JUNG!
UND DAS IST NOCH GAR NICHT SO LANGE HER! SCHON BALD BIST DU AUCH ALT UND SAFTLOS, DAS GEHT SCHNELLER, ALS DU RÜLPSEN KANNST!
RÜLPS!

AAAH...
IMMER NOCH SO JUNG!
SEUFZ...

JA, GRINS NUR! DUMME JUGEND...

KÖSTLICH DUMME JUGEND...

ICH WEISS ES NOCH, ALS WÄRE ES VORGESTERN GEWESEN!
ICH HATTE SIE LANDEN SEHEN!

DREI SIRENEN, GENAU WIE JETZT!

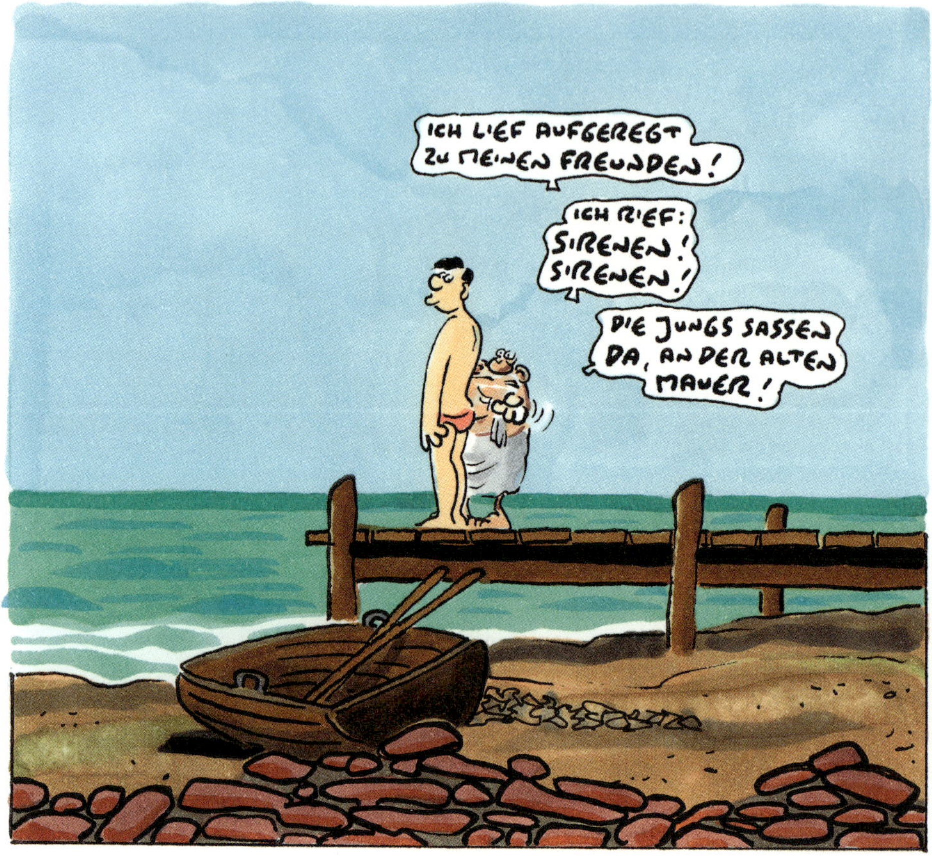

ICH LIEF AUFGEREGT ZU MEINEN FREUNDEN!

ICH RIEF: SIRENEN! SIRENEN!

DIE JUNGS SASSEN DA, AN DER ALTEN MAUER!

ODER IHNEN SABBERT DER SPEICHEL AUS DEN MUNDWINKELN, WAS AUCH NICHT VIEL BESSER IST!
GÄHN...

SO IST DAS, VON ALTEN MAUERN BLEIBT MEHR ÜBRIG ALS VON UNS! HÖR DIR RUHIG AN, WAS EIN ALTER MANN ERZÄHLT!
ICH HÖRE JA...

EUKALYPTOS!
ER HIESS EUKALYPTOS!
ER WAR DER ÄLTESTE, EIN JÜNGLING SCHON!
UND DER SCHÖNSTE, NEBENBEI!
ER SAH EIN BISSCHEN SO AUS WIE DU...

ER HATTE SCHON
EINEN LEICHTEN
FLAUM ÜBER DER
OBERLIPPE ...

... UND EINE
FEINE LINIE
HÄRCHEN
VOM BAUCH-
NABEL AB-
WÄRTS.

ES WAR DAS ERSTE MAL, ICH WUSSTE JA NICHT, WAS DAS IST: VERKNALLT!
EUKALYPTOS WAR NUR PLÖTZLICH DER SCHÖNSTE JUNGE AUF DER GANZEN INSEL!

DAS FANDEN EINIGE DORFMÄDCHEN LEIDER AUCH …

SELTSAM, IN MEINER ERINNERUNG IST ER EIN RICHTIGER KERL, DABEI WAR ER NOCH EIN MILCH-ZAHN WIE DU!

UND ER ROCH GUT! SÜSS-
LICH UND ETWAS STRENG,
WIE JÜNGLINGE SO RIECHEN,
WENN SIE ZUM MANN REIFEN!
HEUTE RIECHE ICH
NICHT MAL MEHR DIE
GÜLLE HINTERM
SCHWEINESTALL, ABER
DAMALS…
EINMAL ÜBERNACHTETEN
WIR ZU ZWEIT IN DER HIR-
TENHÜTTE, ER SCHLIEF, UND
SEINE HAUT SCHIMMERTE
IM MONDLICHT!

SEUFZ...
EROS RÜTTELTE MICH STUNDEN-LANG HIN UND HER!

SCHNÜFFEL
SCHNÜFF

WAS MACHST DU ?

NICHTS, SCHON GUT ...

HM.

WAS HAST DU GEMACHT?
IST OK, SCHLAF WEITER!

SAG MIR, WAS DU-
ICH HAB AN DIR GEROCHEN.

WAS?
SCHON GUT... MACH KEIN DING DRAUS.

DU HAST AN MIR GE-ROCHEN? WIESO DAS DENN?!
WEIL DU GUT RIECHST.

ICH RIECHE GUT?

HM.

OK, RIECH NOCHMAL!

VERARSCH MICH NICHT.
ICH VERARSCH DICH NICHT! RIECH!

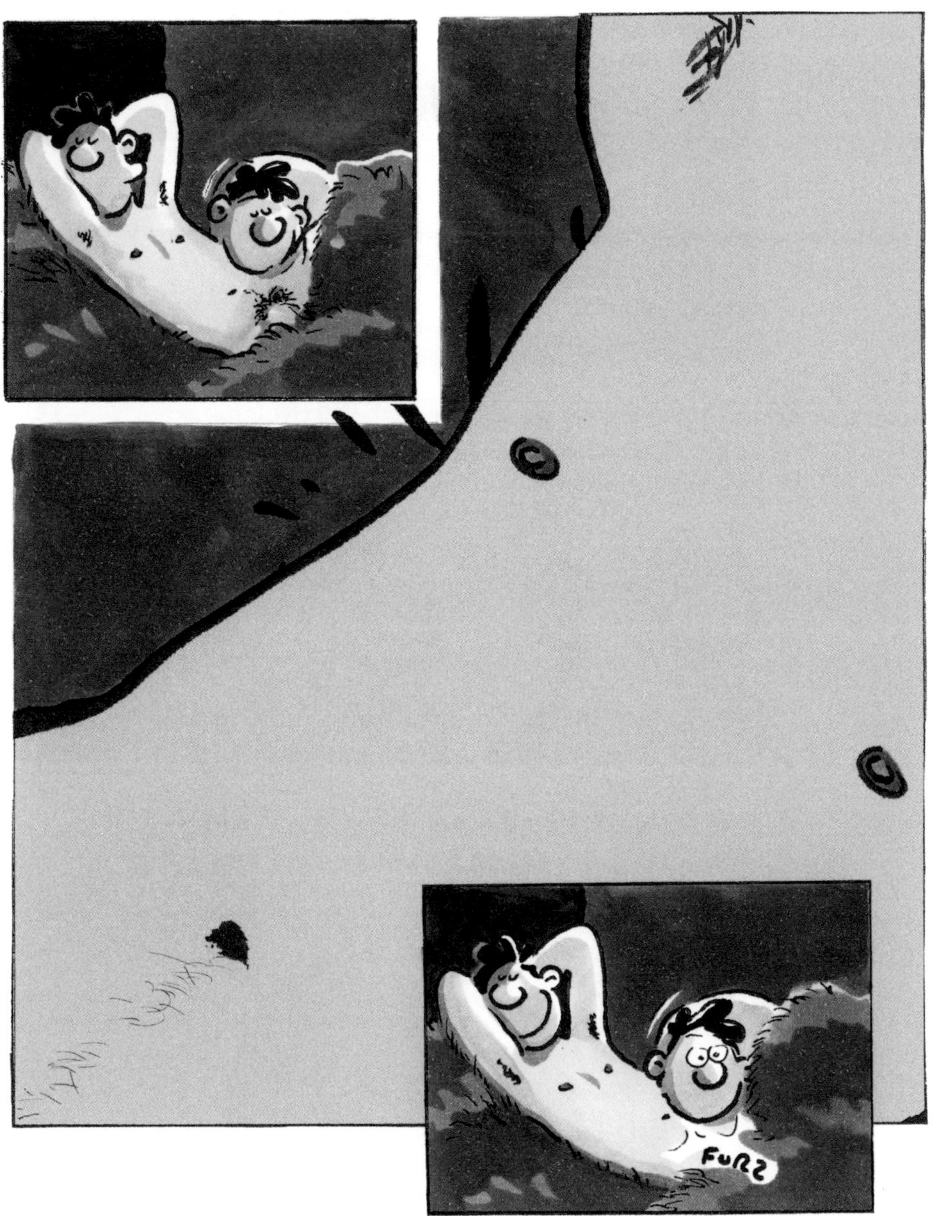
FURZ

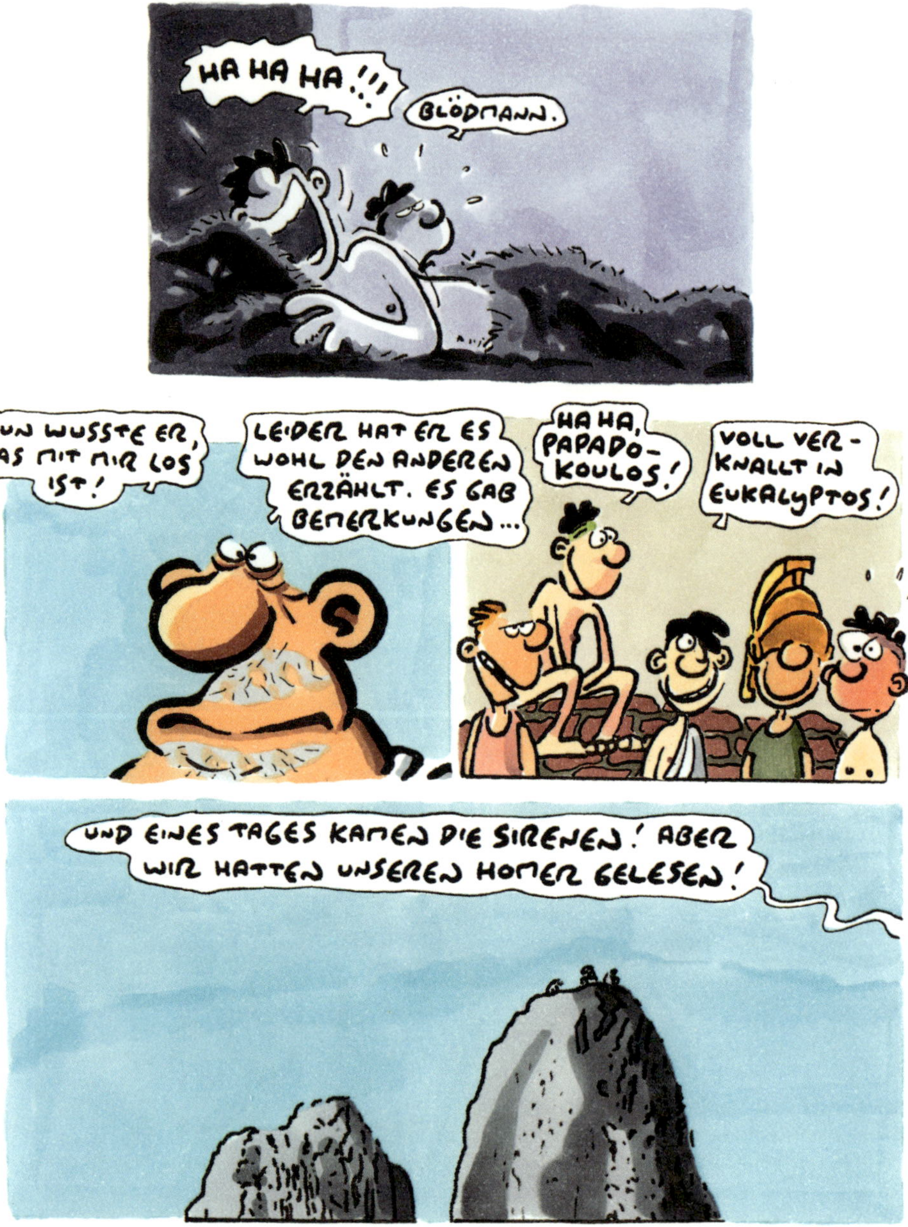

NUN WUSSTE ER, WAS MIT MIR LOS IST!

LEIDER HAT ER ES WOHL DEN ANDEREN ERZÄHLT. ES GAB BEMERKUNGEN ...

HA HA, PAPADOKOULOS!

VOLL VERKNALLT IN EUKALYPTOS!

UND EINES TAGES KAMEN DIE SIRENEN! ABER WIR HATTEN UNSEREN HOMER GELESEN!

WEN?
WEN?! HOMER!! DEN GROSSEN HOMER!!!
AH.

DIE ODYSSEE! DIE ILIAS!! HOMER!!! WAS BRINGEN SIE EUCH HEUTE BEI IN DER SCHULE?!
ACH SO, JA... VON GEHÖRT.

VON GEHÖRT?! VERGISS DAS GESCHWÄTZ DER PHILOSOPHEN HEUTZUTAGE!! HOMER MUSST DU LESEN, DA STEHT ALLES DRIN!
HM.

WAS SOLL AUS DER WELT WERDEN, WENN DIE JUNGEN KEINE AHNUNG MEHR HABEN VON DEN MYTHEN ?!
WIR WUSSTEN, DASS MAN SICH WACHS IN DIE OHREN STOPFEN MUSS, UM NICHT VON DEM SIRENENGESANG IRRE ZU WERDEN!
IRRE?

JA, IRRE!!

GIERIG NACH NOCH MEHR WISSEN! DIE SIRENEN SINGEN ANGEBLICH VON ALLER WEISHEIT DER WELT!

MAN ERZÄHLTE UNS, DAS SEI DER GRUND, WARUM MÄNNER ZU DEM FELSEN DA PADDELN UND DANN ELEND VERRECKEN!

NEUGIER! WISSENSDURST BIS ZUM WAHNSINN!

SEHNSUCHT NACH DER AUFLÖSUNG SÄMTLICHER WELTENRÄTSEL!

ABER MEHR BILDUNG SCHEINT JA DEIN PROBLEM NICHT ZU SEIN!
GEHT SO...

GEHT SO! NUN, DANN ERTEILE ICH DIR EINE LEKTION!

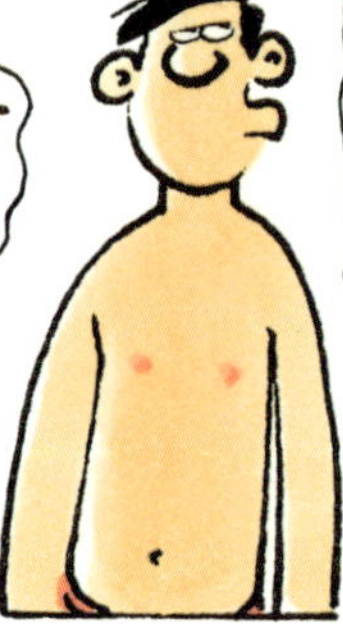

ES STIMMT ZWAR, DIE SIRENEN SINGEN VON SÄMTLICHEM MENSCHENWISSEN UND ALLEN RÄTSELN DES FIRMAMENTS UND DEN GÖTTERN UND VON VIELERLEI MEHR!!

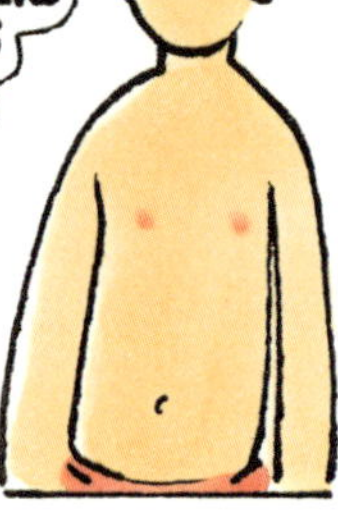

... ABER VOR ALLEM GEHT ES UM PORNOGRAPHIE!
AH...

ABER VON MIR WEISST DU DAS NICHT! DIE ZEITEN WERDEN PRÜDER!
OK...

AM ENDE WIRFT MAN MIR VOR, DIE JUGEND ZU VERFÜHREN, UND REICHT MIR DEN GIFTBECHER, WIE EINST DEM SOKRATES!
DEM WEM?
SOKRATES!!
ERZÄHL MIR NICHT, DU HAST NOCH NIE WAS VON SOKRA-
ICH WEISS, DASS ICH NICHTS WEISS!

GUTE ANTWORT! JEDENFALLS SOLL DER GROSSE ODYSSEUS ALS HELD ERSTRAHLEN UND NICHT ALS NOTGEILER BOCK!

ABER SELBST WIR KNABEN WUSSTEN, DER SIRENENGESANG GEHT AUF DIE EIER!
DU HAST DOCH EIER, ODER?
DA DU STÄNDIG DRAUF SCHIELST, WERD ICH WOHL WELCHE HABEN!

DU HAST RECHT, ICH BIN NUR MEHR EIN ALTER TÖRICHTER SACK!

ABER KEINE SORGE, ICH BEGRABSCH KEINE KNABEN! MIR STEHT DER SINN NACH WOHL-GEFORMT UND STÄMMIG!
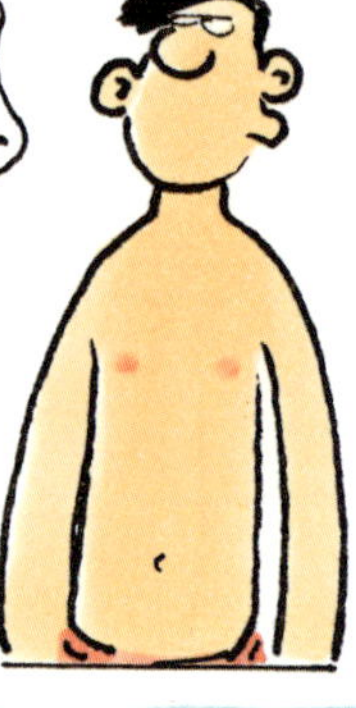

EUKALYPTOS, JA! DAMALS WAR ICH SELBST NOCH EIN SPRÖSSLING!
UND DAS HAT EROS GRAUSAM EINGERICHTET, AUCH ALT UND KAHL UND DICK SIEHT MAN NOCH ALLERORTEN SCHÖNHEIT!

NICHT NUR DIE SCHÖNHEIT DER ATHLETEN!

SEUFZ …

AUCH DIE DES SCHAUSPIELERS …

SEUFZ …

… ODER EINES JUNGEN FISCHERS!

SEUFZ …

ODER DIE EINES JUNGEN SOLDATEN ODER DES SOHNES VOM BRONZESCHMIED! ÜBERALL LAUFEN SIE RUM, DIE SCHÖNEN, UND ALLES, WAS MAN NOCH TUN KANN, IST SEUFZEN!
SEUFZ...
KÖSTLICHE JUGEND!
JA, ECHT...
GENIESS ES, JUNGE, GENIESS ES! BALD HÄNGT DIR DAS DING RUNTER WIE EINE VERSCHRUMPELTE PEPERONI!
KNACK
NUR NICHT SO HART! UND SCHON GAR NICHT SO SCHARF!

WIR ALSO INS BOOT UND DA RAUS! EIN HAUFEN PUBERTIERENDER JUNGS, GERADEAUS ZU DEN SIRENEN!

UND ICH MITTENDRIN!

ALLE HATTEN WIR UNS SORGSAM DIE OHREN VERSTOPFT, NUR EUKALYPTOS NICHT!

ER STAND ERWARTUNGSVOLL DA, NATÜRLICH NACKT WIE ODYSSEUS, UND ICH HAB NIE ETWAS SCHÖNERES GESEHEN!

UNS ALLEN WAR MULMIG ZUMUTE, ABER NUN GAB ES KEIN ZURÜCK!
EUKALYPTOS SCHIEN SCHON ETWAS ZU HÖREN! ER BLICKTE WIE TRÄUMEND VOR SICH HIN...

DANN ENTGLITTEN SEINE GESICHTSZÜGE, UND ER WIRKTE ENTRÜCKT...

ALLE FANDEN ES LUSTIG.

HA HA HA!

ER SIEHT SO BLÖD AUS!

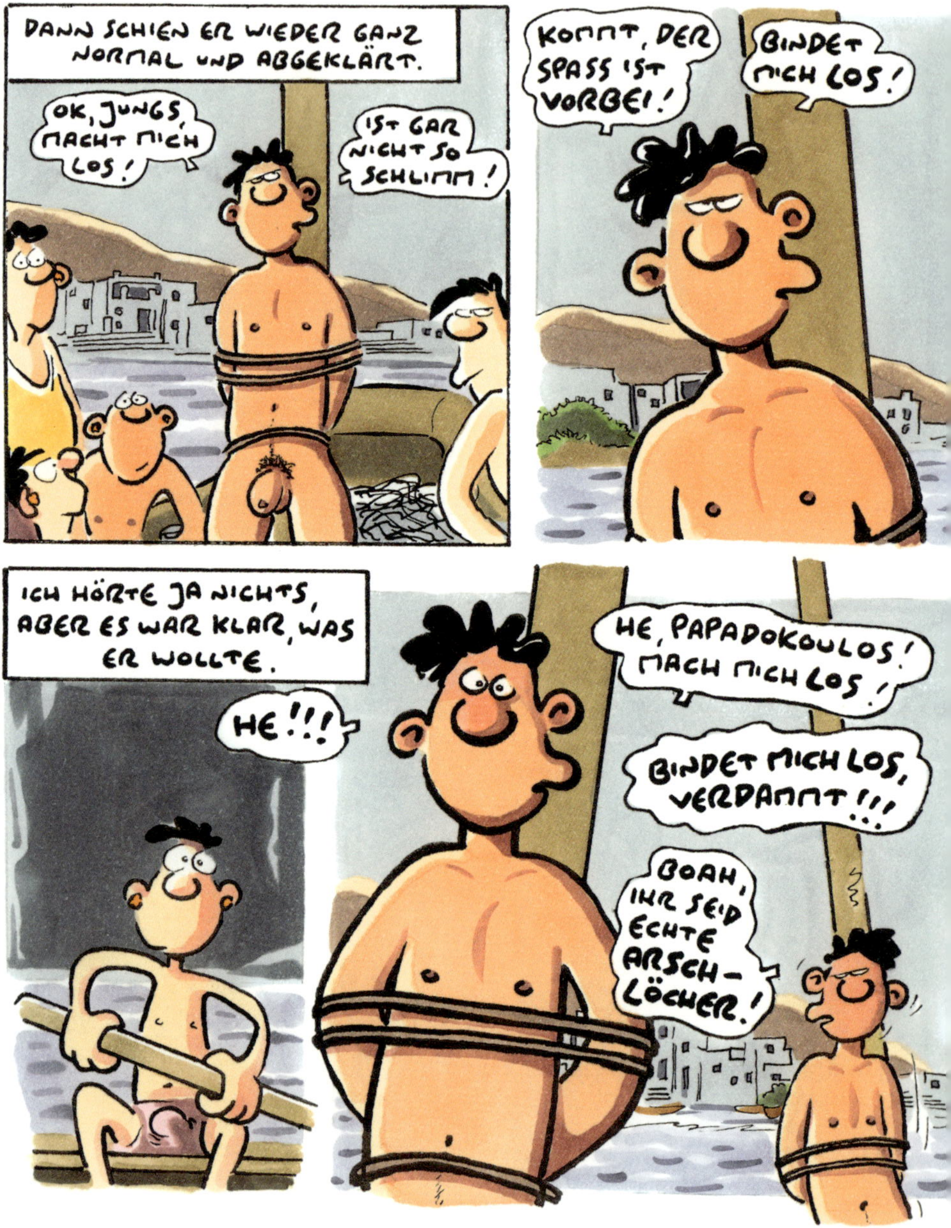

ICH HÖRTE JA NICHTS, ABER ES WAR KLAR, WAS ER WOLLTE.

HE!!!

HE, PAPADOKOULOS! MACH MICH LOS!

BINDET MICH LOS, VERDAMMT!!!

BOAH, IHR SEID ECHTE ARSCH-LÖCHER!

DANN EBEN NICHT! IDIOTEN!
UND DANN SAHEN WIR SIE!

ABER DIE ANDEREN SAHEN OFFENBAR ETWAS ANDERES ALS ICH.
WOW.
SIE SIND WUNDERSCHÖN!
DIE TITTEN!
EUKALYPTOS GLOTZTE VOR SICH HIN! WAS ER HÖRTE, WAR NICHT VON DIESER WELT. ER PINKELTE EINFACH SO DRAUFLOS!
?!
UND DANN...

GUCKT EUCH DAS AN!!! EUKALYPTOS KRIEGT EINEN HART!!!

ER WURDE LÜSTERN!
HAHAHAHAHA
HEMMUNGSLOS WIE EIN JUNGER KÖTER VERSUCH-TE ER, SICH SELBST ZU LECKEN ...

HA HA HA!!
HA HAHA!
HA HA HA!!
HAHAHA!!

DA WAR DAS GEJOHLE GROSS! DAS SCHAU-SPIEL ÜBERTRAF ALLE ERWARTUNGEN!
ABER ICH SAH SCHNELL, DASS DA ETWAS AUS DEM RUDER LIEF...

...DASS AUS DEM SPIEL TÖDLICHER ERNST WURDE!

DASS ER LITT WIE UNTER FOLTER!
WIR MÜSSEN ZURÜCK.!!
WIR MÜSSEN ZURÜCK!!!
?!

ER ZUCKTE WIE UNTER KRÄMPFEN...
... SACKTE ZUSAMMEN, BÄUMTE SICH AUF...
SCHRIE, WINSELTE... KOLLABIERTE!

UND WIEDER VON VORN...
WIR RUDERTEN UM SEIN LEBEN!

HIER, GENAU HIER ERWARTETEN UNS UNSERE PANISCHEN UND WÜTENDEN ELTERN! MEIN VATER FUCHTELTE SCHON MIT DER MAULTIERGERTE!

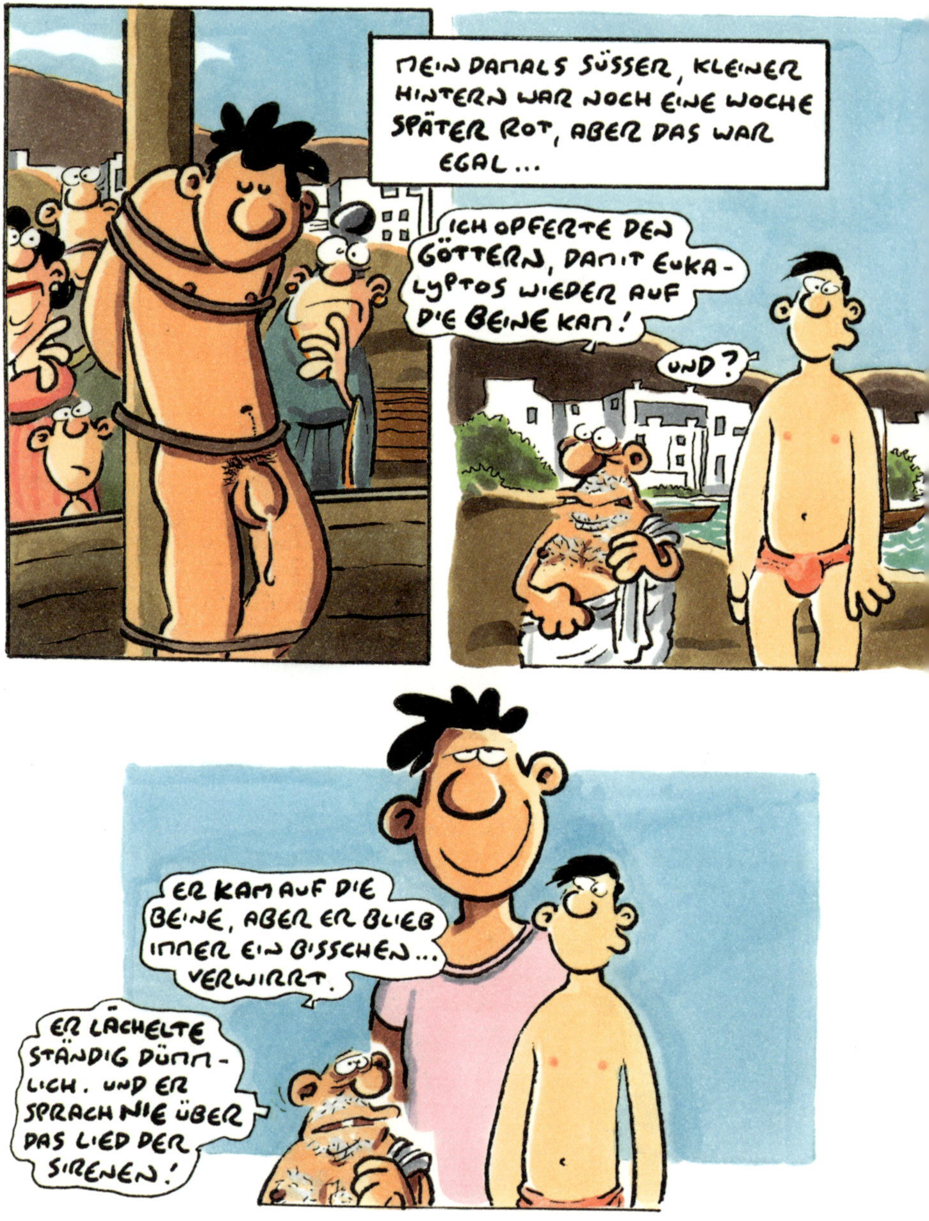

MEIN DAMALS SÜSSER, KLEINER HINTERN WAR NOCH EINE WOCHE SPÄTER ROT, ABER DAS WAR EGAL …

ICH OPFERTE DEN GÖTTERN, DAMIT EUKALYPTOS WIEDER AUF DIE BEINE KAM!

UND?

ER SAGTE, ER KÖNNE SICH AN KEINE EINZIGE STROPHE ERINNERN, ABER DER AUSFLUG SEI DAS BESTE GEWESEN, WAS ER JE ERLEBT HATTE!
WOW.
... UND ER WÜRDE ES JEDERZEIT WIEDER TUN!
KLINGT ZUM STERBEN GEIL. WOW.
JA. WOW. ABER DIE SIRENEN WAREN WEITERGEZOGEN UND ZEIGTEN SICH NIE MEHR! BIS JETZT!
NUN SITZEN SIE DA.
EUKALYPTOS WURDE ZU EINEM SCHÖNEN MANN, ABER ER BLIEB SCHWEIGSAM UND LEBTE ZURÜCKGEZOGEN.
ER KÜSSTE WEDER MANN NOCH WEIB, NOCH MICH ...
ER WARTETE AUF SEINE SIRENEN.
OK, ICH ... GEH DANN MAL WIEDER.

HIER STAND ER UND
HIELT JEDEN FRÜH-
LING AUSSCHAU!

VOR WENIGEN WOCHEN IST ER GESTORBEN.

WOW. KRASSE GESCHICHTE.

ABER ICH GEH DANN MAL JETZT.

JUNGE?
HM?

SCHIEBST DU MIR DIESES BOOT VOM SAND INS MEER?

WARUM?

MEINE ALTEN KNOCHEN SIND MORSCH. ICH SCHAFF'S NICHT.
UND DANN?

NUN... ICH MÖCHTE HÖREN, WAS EUKALYPTOS GEHÖRT HAT! UND DER GROSSE ODYSSEUS, NATÜRLICH!
WOZU?

JUNGE, ICH FRAGE NOCH EINMAL...

SCHIEBST DU MIR DIESES BOOT VOM SAND INS MEER?

Da treibt er lustlos in die Weiten
des Ozeans und der Gezeiten!

Und wie das Ruderboot, so mündet
auch unser Schicksal und verschwindet
im Horizont, wo alles endet!

Denn wie man es auch dreht und wendet:
Zuletzt kommt der finale Tritt!

PAC!

Hinweg mit dir!
Du endest mit!

)a starrt so mancher nur aufs Gute:

«Noch pumpt mein Herz an meinem Blute,
ich atme Luft, seh Tageslicht,
noch schmerzen meine Knochen nicht!

ch hör die Frühlingsvögel pfeifen!
Ver braucht denn morgens noch 'n Steifen,
venn man noch kau'n und kacken kann?!»

Genau! Drum stell dich nicht so an, du Mann!

Wir sind längst tot, sie aber *leben*!
Den Ratschlag kannst du ihnen geben:
Sie sollen *jetzt* das *Hier* genießen
Und *hier* das flücht'ge *Jetzt* begrüßen,
wer weiß schon, was das alles soll?!?
Erst auf dem *Sterbebett* zu büßen
dass sie die Tage fließen ließen
ohne sie sich zu versüßen –
das wäre wirklich jammervoll!!!

Ach, wenn nur all die Optimisten
von ihrer schnöden Zukunft wüssten,
dann wären sie ganz schnell ganz still!

Wer den Verfall nicht sehen will
und nur mit Müh verdrängen kann –

**Wir sagten:
Halt die Klappe,
Mann!!!**

Also gut, ich sag nichts mehr ...
Schluss mit Versen, bitte schön!

Zur Ausleitung

Der überraschend hedonistische Freitod des Perplex um 370 v. u. Z. stand ganz im Gegensatz zu seiner Philosophie und gab seinen Anhängern Anlass zu Zweifeln, seinen Kritikern und Neidern Grund zu Spott und Hohn.

Der greise Philosoph wies einen seiner jungen Schüler mit besonders schönen und leicht behaarten Hinterbacken an, es sich für einige Minuten auf seinem Gesicht bequem zu machen und über seine Lehren nachzusinnen. Der stämmige, aber etwas tumbe Jüngling tat wie geheißen. Als er sich wieder erhob, stand auf Perplex' Antlitz, ganz gegen seine Philosophie, ein genüssliches, letztes Lächeln!

Sein Einfluss war groß: Noch Jahrhunderte später rief der spartanische Heerführer Massaka tödlich verletzt auf dem Schlachtfeld: «Hier liege ich in meinem Blute, aber besser wäre es, zu sterben wie der Perplex!» Und er hauchte sein Leben aus mit dem Nachsatz: «Allerdings lieber unter dem Hintern dieser hübschen, drallen Schafhirtin, die ich einst auf Knossos sah!»

Die Lehren und Bühnenwerke des Perplex erleben heute ihre Wiederentdeckung. Der alternde Mann wird zum Thema der Neuzeit, welches bereits auch jüngere Männer beschäftigt. Selbstfindungs-Seminare in unberührter Natur bieten zwar keine Linderung der Selbstzweifel, aber immerhin infantiles Herummatschen im warmen Schlamm. Die Pharmaindustrie verschweigt, dass es sich bei den handelsüblichen Phosphodiesterase-5-Inhibatoren um nichts anderes als um geriebene Nashörner und Tigerhoden handelt. Späte Erektionen versus Artenschutz: Den meisten Männern fällt die Wahl nicht schwer.

Es gibt kein Zurück im gnadenlosen Fortgang der Zeit! Aus ferner Vergangenheit ruft Perplex dir zu:

«Zum Geburtstag alles Gute!
Wie: Dir ist nicht gut zumute?
Noch ein Jahr, es rast die Zeit?
Du bist zum Opa nicht bereit?

Vergiss den Stolz, vergiss die Würde!
Ist denn der Tod die letzte Hürde
hin zum Hades, hilft nur Klagen,
Kapitulieren und Verzagen!

Und darum zum Geburtstagsfeste
für dich vom Schlimmsten nur das Beste!»

RALF KÖNIG, 1960 in Soest geboren, Studium der Freien Graphik an der *Kunstakademie Düsseldorf*, ab 1980 Comic-Veröffentlichungen in diversen Schwulenmagazinen. Durchbruch mit *Der bewegte Mann* (1987), der als Comic wie als Film ein großes Publikum eroberte. Vielfache Auszeichnungen (u.a. 2010 mit dem *Max-und-Moritz-Preis* für den besten Comic-Strip für *Prototyp* und *Archetyp*). Seine Comics wurden in 18 Sprachen übersetzt. Zahlreiche Ausstellungen, z.B. 2012 das *Ursula-Projekt* im *Kölnischen Stadtmuseum* zu den *Elftausend Jungfrauen*. 2014 erhielt er den *Max-und-Moritz-Preis* für sein Lebenswerk und 2017 den *Wilhelm-Busch-Preis der Schaumburger Landschaft für satirische und humoristische Versdichtung*. Königs Veranstaltungen mit projizierten Comics und den von ihm gelesenen Sprechblasen sind immer ein großes Vergnügen. Ralf König ist im Beirat der *Giordano-Bruno-Stiftung*.

www.ralf-koenig.de

Bildnachweis

Vasenmotiv S. 78 – Aus: Adolf Furtwängler u. a.:
Griechische Vasenmalerei. München 1924

Originalausgabe
Veröffentlicht im Rowohlt Taschenbuch Verlag, Hamburg, Oktober 2019

Covergestaltung any.way, Barbara Hanke/Cordula Schmidt
Coverabbildung Ralf König
Satz und Herstellung Daniel Sauthoff
Lithografie Susanne Kreher
Druck und Bindung CPI books GmbH, Leck, Germany
ISBN 978-3-499-00016-4

Das für dieses Buch verwendete Papier ist FSC®-zertifiziert.